In Celebration of

_____

_____

_____

Guests

Guests

_____

_____

_____   _____

_____

_____

_____   _____

_____

_____

_____   _____

Guests

Guests

Guests

_____

_____

_____   _____

_____

_____

_____   _____

_____

_____

_____   _____

Guests

_____

_____   _____

_____

_____   _____

_____

_____   _____

Guests

Guests

_____

_____

_____ 　　_____

_____

_____

_____ 　　_____

_____

_____

_____ 　　_____

Guests

Guests

_____

_____

_____   _____

_____

_____

_____   _____

_____

_____

_____   _____

Guests

Guests

_____

_____

_____   _____

_____

_____

_____   _____

_____

_____

_____   _____

Guests

_____

_____

_____   _____

_____

_____

_____   _____

_____

_____

_____   _____

Guests

Guests

_____

_____

_____   _____

_____

_____

_____   _____

_____

_____   _____

Guests

_____

_____

_____   _____

_____

_____

_____   _____

_____

_____   _____

Guests

Guests

_____

_____   _____

_____

_____

_____   _____

_____

_____   _____

Guests

_____

_____

_____ _____

_____

_____

_____ _____

_____

_____

_____ _____

Guests

_____

_____   _____

_____

_____   _____

_____

_____   _____

Guests

Guests

_____

_____

_____   _____

_____

_____

_____   _____

_____

_____   _____

Guests

Guests

_____

_____   _____

_____

_____   _____

_____

_____   _____

Guests

_____

_____

_____   _____

_____

_____

_____   _____

_____

_____

_____   _____

Guests

_____

_____

_____   _____

_____

_____   _____

_____

_____   _____

Guests

_____

_____

_____   _____

_____

_____

_____   _____

_____

_____   _____

Guests

Guests

_____

_____

_____   _____

_____

_____

_____   _____

_____

_____

_____   _____

Guests

_____

_____   _____

_____

_____   _____

_____

_____   _____

Guests

_____

_____   _____

_____

_____   _____

_____

_____   _____

Guests

_____

_____

_____   _____

_____

_____

_____   _____

_____

_____

_____   _____

Guests

_____

_____

_____   _____

_____

_____

_____   _____

_____

_____

_____   _____

Guests

_____

_____

_____   _____

_____

_____   _____

_____

_____   _____

Guests

Guests

_____

_____

_____   _____

_____

_____

_____   _____

_____

_____

_____   _____

Guests

_____

_____

_____   _____

_____

_____   _____

_____

_____   _____

Guests

_____

_____

_____   _____

_____

_____

_____   _____

_____

_____   _____

Guests

Guests

_____

_____

_____   _____

_____

_____

_____   _____

_____

_____   _____

Guests

Guests

Guests

_____

_____   _____

_____

_____   _____

_____

_____   _____

Guests

_____

_____   _____

_____

_____

_____   _____

_____

_____   _____

Guests

Guests

_____

_____

_____   _____

_____

_____

_____   _____

_____

_____

_____   _____

Guests

Guests

_____

_____

_____   _____

_____

_____

_____   _____

_____

_____

_____   _____

Guests

_____

_____

_____   _____

_____

_____

_____   _____

_____

_____   _____

Guests

_____

_____   _____

_____

_____

_____   _____

_____

_____

_____   _____

Guests

Guests

_____

_____

_____   _____

_____

_____

_____   _____

_____

_____

_____   _____

Guests

Guests

_____

_____   _____

_____

_____   _____

_____

_____   _____

Guests

_____

_____

_____   _____

_____

_____

_____   _____

_____

_____

_____   _____

Guests

_____

_____

_____   _____

_____

_____

_____   _____

_____

_____

_____   _____

Guests

Guests

Guests

_____

_____

_____   _____

_____

_____

_____   _____

_____

_____   _____

Guests

_____

_____

_____   _____

_____

_____

_____   _____

_____

_____

_____   _____

Guests

Guests

_____

_____

_____   _____

_____

_____

_____   _____

_____

_____   _____

Guests

_____

_____

_____   _____

_____

_____

_____   _____

_____

_____   _____

Guests

Guests

_____

_____

_____   _____

_____

_____

_____   _____

_____

_____

_____   _____

Guests

Guests

_____

_____

_____   _____

_____

_____

_____   _____

_____

_____

_____   _____

Guests

_____

_____

_____   _____

_____

_____

_____   _____

_____

_____   _____

Guests

Guests

Guests

_____

_____

_____   _____

_____

_____

_____   _____

_____

_____   _____

Guests

_____

_____   _____

_____

_____

_____   _____

_____

_____   _____

Guests

Guests

Guests

Guests

Guests

_____

_____

_____   _____

_____

_____

_____   _____

_____

_____   _____

Guests

Guests

_____

_____

_____   _____

_____

_____

_____   _____

_____

_____   _____

Guests

_____

_____   _____

_____

_____   _____

_____

_____   _____

Guests

Guests

Guests

_____

_____   _____

_____   _____

_____

_____   _____

_____

_____   _____

Guests

_____

_____

_____   _____

_____

_____

_____   _____

_____

_____   _____

Guests

Guests

_____

_____

_____   _____

_____

_____

_____   _____

_____

_____

_____   _____

Guests

_____

_____

_____   _____

_____

_____   _____

_____

_____   _____

Guests

_____

_____

_____   _____

_____

_____

_____   _____

_____

_____   _____

Guests

_____

_____   _____

_____

_____   _____

_____

_____   _____

Guests

_____

_____

_____   _____

_____

_____

_____   _____

_____

_____   _____

Guests

_____

_____

_____   _____

_____

_____

_____   _____

_____

_____

_____   _____

Guests

Guests

_____

_____   _____

_____

_____   _____

_____

_____   _____

_____

Guests

Guests

_____

_____   _____

_____

_____   _____

_____

_____   _____

Guests

Guests

Guests

Guests

_____

_____   _____

_____

_____   _____

_____

_____   _____

Guests

Guests

_____

_____

_____   _____

_____

_____

_____   _____

_____

_____   _____

Guests

_____

_____   _____

_____

_____   _____

_____

_____   _____

Guests

_____

_____

_____   _____

_____

_____

_____   _____

_____

_____   _____

Guests

Guests

_____

_____   _____

_____

_____   _____

_____

_____   _____

Guests

_____

_____

_____   _____

_____

_____

_____   _____

_____

_____

_____   _____

Guests

_____

_____

_____   _____

_____

_____

_____   _____

_____

_____   _____

Guests

_____

_____   _____

_____

_____

_____   _____

_____

_____   _____

Guests

Guests

Guests

_____

_____

_____   _____

_____

_____

_____   _____

_____

_____

_____   _____

Guests

_____

_____

_____   _____

_____

_____

_____   _____

_____

_____   _____

Guests

Guests

Guests

Guests

_____

_____

_____   _____

_____

_____

_____   _____

_____

_____   _____

Guests

_____

_____

_____   _____

_____

_____

_____   _____

_____

_____

_____   _____

Guests

Guests

Guests

_____

_____

_____

_____

_____

_____

_____

_____

Gifts

_____

_____

_____

_____

_____

_____

_____

_____

Guests

Gifts

_____

_____

_____

_____

_____

_____

_____

_____

Gifts

Guests

Gifts

_____

_____

_____

_____

_____

_____

_____

_____

_____

Gifts

Guests

Gifts

_____

_____

_____

_____

_____

_____

_____

_____

Gifts

_____

_____

_____

_____

_____

_____

_____

_____

Guests

Gifts

_____

_____

_____

_____

_____

_____

_____

_____

Gifts

_____

_____

_____

_____

_____

_____

_____

_____

Guests

Gifts

_____

_____

_____

_____

_____

_____

_____

_____

Gifts

_____

_____

_____

_____

_____

_____

_____

_____

Guests

Gifts

Gifts

Guests

_____

_____

_____

_____

_____

_____

_____

_____

Gifts

Guests

_____

_____

_____

_____

_____

_____

_____

_____

_____

Gifts

Guests

Gifts

_____

_____

_____

_____

_____

_____

_____

_____

Gifts

_____

_____

_____

_____

_____

_____

_____

_____

Guests

Gifts

_____

_____

_____

_____

_____

_____

_____

_____

_____

Gifts

Guests

Gifts

Guests

_____ _____

_____ _____

_____ _____

_____ _____

_____ _____

_____ _____

_____ _____

_____ _____

Gifts

_____

_____

_____

_____

_____

_____

_____

_____

Gifts

_____

_____

_____

_____

_____

_____

_____

_____

Guests

_____

_____

_____

_____

_____

_____

_____

_____

Gifts

Guests

Gifts

_____

_____

_____

_____

_____

_____

_____

_____

Gifts   Guests

Guests

Gifts

Gifts

Guests

_____

_____

_____

_____

_____

_____

_____

_____

_____

Gifts

_____

_____

_____

_____

_____

_____

_____

_____

_____

Gifts

Guests

Gifts

_____

_____

_____

_____

_____

_____

_____

_____

_____

Guests

_____

_____

_____

_____

_____

_____

_____

_____

_____

Gifts

Gifts

Gifts

_____
_____
_____
_____
_____
_____
_____
_____
_____

Guests

_____
_____
_____
_____
_____
_____
_____
_____
_____

_____   _____

_____   _____

_____   _____

_____   _____

_____   _____

_____   _____

_____   _____

_____   _____

Gifts   Guests

Gifts

_____

_____

_____

_____

_____

_____

_____

_____

Gifts

Guests

Gifts

Guests

_____

_____

_____

_____

_____

_____

_____

_____

Gifts

_____

_____

_____

_____

_____

_____

_____

_____

Gifts

Guests

Gifts

Gifts

Guests	Gifts

_____

_____

_____

_____

_____

_____

_____

_____

_____

| Gifts | Guests |

Gifts

_____

_____

_____

_____

_____

_____

_____

_____

_____

Gifts

_____

_____

_____

_____

_____

_____

_____

_____

_____

Guests

Gifts

_____   _____

_____   _____

_____   _____

_____   _____

_____   _____

_____   _____

_____   _____

_____   _____

Gifts   Guests

Gifts

_____

_____

_____

_____

_____

_____

_____

_____

_____

Gifts

_____

_____

_____

_____

_____

_____

_____

_____

_____

Guests

Gifts

Guests

Gifts

Gifts

Gifts

Guests

Gifts

Gifts

Guests

_____
_____
_____
_____
_____
_____
_____
_____
_____

Gifts

_____

_____

_____

_____

_____

_____

_____

_____

_____

Gifts

_____

_____

_____

_____

_____

_____

_____

_____

_____

Guests

Gifts

Gifts

Guests

_____   _____

_____   _____

_____   _____

_____   _____

_____   _____

_____   _____

_____   _____

_____   _____

_____   _____

Gifts   Guests

Gifts

_____

_____

_____

_____

_____

_____

_____

_____

_____

Guests

_____

_____

_____

_____

_____

_____

_____

_____

_____

Gifts

Gifts

Gifts

Guests

1989871 2R00091

Made in United States
Troutdale, OR
05/15/2024